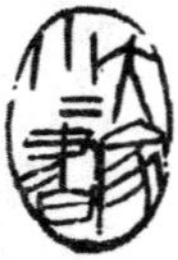

大家小书
篆刻　程方平

中国历史小丛书

新编历史小丛书

新编历史小丛书·人物

王昭君

王克骏 著

北京出版集团
文津出版社
贵州出版集团
贵州人民出版社

从西汉的和亲政策说到昭君出塞

翦伯赞

一

王昭君在过去的史学家眼中是一个渺小人物，在现在的史学家眼中还是一个渺小人物；然而在这个渺小人物身上，却反映出西汉末叶中国历史的一个重要侧面，民族关系的这个侧面。从她的身上，我们可以看出公元前1世纪下半期汉与匈奴之间的关系的全部历史。

比起历史上的大人物来，王昭君确实是一个渺小人物，她在当时不过是汉元帝掖庭中的一个宫女。但是历史上往往有一些渺小人物，扮演着重要角色，王昭君正是一个扮演重要角色的渺小人物。

作为汉元帝掖庭中的一个宫女，王昭君不过是封建专制皇帝脚下践踏的一粒沙子；但作为一个被汉王朝选定的前往匈奴和亲的姑娘，她就象征地代表了一个王朝、一个帝国、一个民族，并且承担了这个王朝、帝国、民族寄托在她身上的政治使命。

不管王昭君自己意识得到或意识不到，落到她身上的政治使命是重大的。根据历史记载，自从汉高帝接受娄敬的建议与匈奴冒顿单于缔结和亲以后，他的继承人惠帝、文帝、景帝一贯地奉行这种和亲政策，先后与匈奴冒顿单于及其子孙老上单于、军臣单于结为婚姻。在汉初七十余年间，汉王朝与匈奴部落联盟统治集团之间，始终保持亲戚关系。但是到了汉武帝元光二年（前133年）由于马邑地方的边境冲突，这种世代的亲戚关系，便宣告中断。从汉武帝元光二年到汉元帝竟宁元年（前33年）昭君出塞之年，其间整整一百年，汉王朝与匈奴部落联盟统治集团之间，长期处于战争状态之中，而这种由双方统治阶级发动的相互掠夺的战争，不论谁胜谁负，对于两族人民来说，都是灾难。昭君出塞之年，正是匈奴绝和亲一百周年，很明白寄托在她身上的政治使命是恢复中断了一百年的汉与匈奴之间的友好关系。

在一个多民族国家的历史中，两个兄弟民族的和解，不能说不是一个具有重大意义的历史事件，而王昭君在这个事件中扮演的角色，不能说不是一个重要角色。

二

当然，汉元帝的政府不会把它的全部匈奴使命交给这个年青的、没有实际政治经验的姑娘，他们知道，在这个姑娘后面，还有一条万里长城。但是不能因此就认为昭君出塞是汉王朝用真人真事表演的一出滑稽剧，以此作为战争中的插曲。应该指出，昭君出塞这件事，对于汉王朝来说，是一个政策的转变，即从战争政策回到和亲政策。

和亲政策，在今天看来已经是一种陈旧的过时的民族政策，但在古代封建社会时期却是维持民族友好关系的一种最好的办法。在当时的历史条件下，要维持民族友好关系，主要地是通过两种办法：或者是质之以盟誓，或者是申之以婚姻，后者就是和亲。西汉王朝对匈奴的政策主要地是和亲政策，只有在这种政策不能发生效果的时候，才采取战争政策。因此，他们对昭君出塞是非常重视的。史载汉元帝为了纪念这次和亲而改元“竟宁”，就是最好的证明。

应该指出，为了和亲而改元，在西汉王朝的历史上，这是最初的一次，也是最后的一次。

另外的资料也证明汉王朝对这次和亲的重视。1954年在包头附近麻池乡汉墓中发现了印有“单于和亲”“千秋万岁”“长乐未央”等文字的瓦当残片，据考古工作者判断，这些瓦当是属于西汉末叶的。[①]还有传世的单于和亲砖，上面也印有“单于和亲千秋万岁长乐未央”等文字，[②]这些单于和亲砖，虽然没有制作年代，但和瓦当上的文字几乎完全相同，很可能是属于同一时代的。如果对这些遗物的年代判断不错，那么，这些印有“单于和亲”的砖瓦，只能认为是为了纪念昭君出塞而制作的，

图1　单于和亲瓦当

图2　单于和亲砖

因为在西汉末只有这一次和亲，而王昭君则是最后出塞的一个姑娘。

事实的发展是符合于汉王朝的期望的，昭君出塞以后，汉与匈奴之间有五十年左右没有战争。一直到王莽执政时期，由于王莽的政府推行一种分化匈奴人的政策（大分匈奴为十五单于），又要把大汉文明强加于匈奴人（如强制匈奴单于改用汉式单名），特别是为了确立他的政府对匈奴的政治从属关系而更换“匈奴单于玺”为“新匈奴单于章”等不愉快的事，汉与匈奴之间的友好关系才受到损害。

五十年的和平，在历史上不是一件小事，而这五十年的和平是与昭君出塞有密切关系的。当然这种和平的出现，不完全是王昭君个人的作用。作为一个个人，不论王昭君生得如何美貌，也不论她具有多大的政治才能，都不能转移作为一个部落联盟的匈奴统治集团的政治方向，至多只能从匈奴单于获得对她个人的宠爱和信任。西汉初的历史充分地证明了这一点。在西汉初，尽管汉王朝不断地与匈奴单于和亲，但并没有因此而免于匈奴部落贵族的侵袭，只是没有使这种侵袭发展成为真正的战争而已。

汉与匈奴之间的友好关系的恢复，是中国历史发展到公元前1世纪所形成的客观形势的必然趋势。当时的客观形势是：一方面匈奴已经由于部落贵族之间的分裂而趋于衰落；另一方面，汉王朝也进入了它的全盛时代的末期。在这种形势下，双方都无力发动侵略对方的战争，特别是双方的人民，都迫切地向往和平。甚至一部分匈奴贵族也由于内部矛盾的尖锐化而感到必须与汉王朝和解才能稳定自己在匈奴部落中的统治地位。匈奴呼韩邪单于之决定款塞入朝，和汉王朝恢复友好关系，就是接受以匈奴贵族左伊秩訾王为首的主和派的意见。

和平是历史的必然趋势，但不能就得出班固所说的“和亲无益”的结论。不可想象，假如当时的汉王朝拒绝与匈奴和亲，单靠历史的必然性，就可以自动地发展出五十年的和平。

史实证明，在昭君出塞以前，这

种形势是存在的，但并没有因此而导致和平，甚至在呼韩邪单于两度入朝以后，汉王朝还不得不在它的西北边境线上保持一定的军事戒备。这种情形，从居延汉简的遗文中可以得到证明。居延汉简中有一简云："塞外诸节谷呼韩单于。"③又一简云："就屠与呼韩单于諆。"④另一简云："郅支其名未知其变。"⑤这些残缺不全的简牍遗文，虽然看不出完整的意思，但可以肯定的是这些简牍都是当时汉王朝的边防驻军留下来的有关匈奴的军事情报或记录。

和亲以后，情形就不同了。史载汉元帝以王昭君赐呼韩邪单于，单于欢喜，"上书愿保塞上谷以西至敦煌，传之无穷，请罢边备塞吏卒，以休天子人民”（见《汉书·匈奴传》）。虽然汉王朝没有接受呼韩邪单于的建议，但从此以后，双方都从思想上撤销了仇恨的堡垒。燃烧了一个世纪的烽火熄灭了，出现在西北边境线上的是和平居民的炊烟。

一直到王莽执政时期，汉与匈奴双方还在利用王昭君的关系来缓和民族之间的矛盾。史载汉平帝时（1—5年），王莽曾邀请王昭君长女须卜居次云访问长安。天凤五年（18年）匈奴单于又派遣须卜居次云及其婿须卜当、儿子须卜奢，还有王昭君次女当于居次的儿子醯椟王（醯椟王中途回去了）再度出使长安。王莽并把他的庶女陆逯公主王捷嫁给须卜奢。在汉王朝方面，也曾于天凤元年（14年）派遣王昭君的侄儿和亲侯王歙、歙弟骑都尉展德侯王飒出使匈奴，贺单于初立。天凤二年，王歙又再度奉命出使匈奴。所有这些活动都是通过王昭君个人的关系进行的。

很明白，昭君出塞这个历史事件是标志着汉与匈奴之间友好关系的恢复，而王昭君在友好关系的恢复中起了很大的作用，然而这个标志着民族友好的历史事件，却被过去的诗人、戏剧家宣布为民族国家的屈辱，而王昭君则被描写成一个抱着琵琶而恸哭的悲剧人物。这在今天看来是很不妥当的。

三

把昭君出塞宣布为民族国家的屈

辱，已经很久了。大概在王昭君死后不久，就有很多的诗人把昭君出塞当作一个屈辱事件写成了诗歌。保留到现在的最早的一首以王昭君为题材的诗歌是西晋诗人石崇的《王明君辞》，在这首歌词中，作者就是把王昭君当作被历史风暴摧残了的一枝含有诗意的花朵，向她倾泄了同情之泪。从此以后，一直到明清，历代的诗人，包括著名的诗人李白、杜甫、白居易在内，写出了无数的诗歌来抚慰这个被他们认为是屈辱的灵魂。根据不完全的统计，咏王昭君的诗，唐以前有二十多首[6]，唐有六十多首[7]，宋元明清愈来愈多[8]。这些诗人在被称为“青冢”的昭君墓前，树立了一块抒情的堕泪碑，一千多年来，在这块堕泪碑前，洒遍了诗人的眼泪，题满了诗人的挽歌。

诗人们之所以对昭君出塞这个事件感到如此悲哀，当然不完全是为了王昭君个人的不幸，有些诗人是借王昭君的眼睛，流出自己的眼泪。但是隐蔽在诗人眼泪背后的除了诗人们个人的感伤之外，还有贯通一切时代的共同的东西，这就是大民族主义情感和封建道德观念。这种感情和这种观念就是王昭君这个人物引起诗人共鸣的真正的思想基础。

在过去的诗人看来，只要是一个汉族姑娘出嫁比较落后的邻近部族或种族，就是伤害他们的民族尊严。如果这个姑娘是以王朝的名义出嫁，那就被认为是替民族国家带来了屈辱。因此诗人们无条件地反对和亲政策，好像一个民族的尊严就在于严格地保持婚姻的种族封锁。例如唐代的和亲，一般都不是在民族抑压，而是在民族友好的情况下进行的，但是敦煌发现的唐人所写的《昭君出塞》变文，却把昭君出塞联系到突厥。如云："传闻突厥本同威，每唤昭君作贵妃"，又云"假使边庭突厥宠，终归不及汉王怜"。[⑨]大家都知道，汉代尚无突厥，变文把匈奴说成突厥，显然是影射唐与突厥的和亲。

最大多数的诗人也没有忘记在道德上把王昭君理想化。他们根据封建道德的原则，向王昭君提出了贞操的要求，而且这种要求愈到后来愈严格。西晋的诗人石崇认为不能容忍的只是违反伦理主义的匈奴人的落后习俗——父死妻其后母。即使如此，石崇也没有要求王昭君为了抗议“父子见凌辱”而自杀，还是让她留在匈奴单于的帐幕中“默默以苟生”。《琴操》的作者就要求王昭君为了拒绝再嫁呼韩邪单于的儿子而饮药自杀。到了后来，诗人们便不允许这个曾经属于大汉掖庭的宫女踏上匈奴人的土地。为了保卫贞操，保卫大汉族的尊严，诗人们一定要看到王昭君死在大汉帝国的边疆，才感到愉快，而且还要看到她的坟墓上生出青草，看到她的圣洁的灵魂，回到她的“亲爱的”皇帝陛下的身边，才算心满意足。

如果说这些咏王昭君的诗歌，其

中有些也表现了一定的积极意义，那就是通过昭君出塞反对妥协投降政策和不抵抗主义。的确，在有些诗歌中，王昭君的名字，已经变成了一面反对屈辱的旗帜。但正是在这个带有现实意义的问题上，诗人们就不敢面对历史的真实，他们很小心地避开了应该反对的以皇帝为首的当权的封建统治阶级，向着遇不到危险的地方去舒展他们的爱国主义的热情。他们和《西京杂记》的作者一样不但不敢反对皇帝，也不敢反对皇帝的近侍，真正的贪污犯石显（他贪污了一万万），硬要无中生有，把一个与昭君出塞毫无关系的画师毛延寿拉扯进来，替他扣上一顶贪污的帽子，作为替罪的羔羊。自梁以来，许许多多的诗人都在这个倒霉的艺术家身上发泄了他们“高尚的义愤”。

四

王昭君这个人物，不但引起了诗人的共鸣，也打动了戏剧家的心弦。到了13世纪，戏剧家便让王昭君披着诗的美装，并且让她踏着诗人替她铺设的轨道走上舞台，当然，把诗人的情调塑造成为一个悲剧人物的形象而在王昭君这个人物身上打上封建道德和大民族主义的烙印，戏剧家们在艺术的创造方面发挥了最大的智慧，而且在思想感情方面和写作的动机方面都贯彻着自己的时代精神和个人意图。保存到现在的最早的一个以昭君出塞为题材的剧本是元代戏剧家马致远的《汉宫秋》，在这个剧本中的王昭君就是为汉元帝流着眼泪的一个姑娘。在此以后，明清两代的戏剧家也写了王昭君的戏。在明代，有陈与郊的《昭君出塞》[10]，无名氏的《和戎记》[11]，还有另外一个无名氏的《青塚记》[12]。在清代，有周文泉的《琵琶语》，还有京剧中的《汉明妃》。[13]所有这些戏剧中的王昭君就都是流着眼泪的。

在这些戏剧中，应该提出来说一说的是马致远的《汉宫秋》。作为13世纪的戏剧家所写的一个剧本，《汉宫秋》未可厚非，因为在这个剧本中，作者反对了妥协投降和不抵抗主义，谴责了那些在外来侵略面前被吓倒的满朝文武，甚至也讽刺了皇帝。但是马致远究竟是13世纪的一个戏剧家，而且生活在民族矛盾最尖锐的时代，他不可能没有大民族主义情感和封建贞操观念。

在《汉宫秋》这个剧本中，作者把匈奴呼韩邪单于放在敌人的地位，让他以一个好战的粗野的酋长形象以压倒的威力和汉王朝对立，并通过匈奴人的战争威胁，替整个的戏剧投下了民族仇恨的阴影。然后把王昭君连同她的皇帝陛下和整个汉王朝放在战争威胁的面前，或者说，放在民族屈辱的面前，迫使汉王朝不得不让王昭君出塞和亲来承担这个民族屈辱。作者的民族情感是浓厚的，他甚至不允许王昭君穿着汉家的衣服走到匈奴去。只是由于作者生活在蒙古王朝的统治下，他才不得不违背他的民族情感，让这个戏剧以匈奴人的胜利而结束。

在反对妥协投降和不抵抗主义的问题上，作者也和诗人一样从小路溜走了。在《汉宫秋》这个剧本中，作者把画师毛延寿刻画成为一个贪污、卑鄙、奸佞和背叛民族国家的败类。宣称这个画师是造成灾难的祸首，把一切责任都归到他的身上，而把汉元帝说成是一个“愁花病酒”的多情的皇帝。作者就用这样的虚构，把昭君出塞这个历史事件的责任，从皇帝身上转移到画师身上。皇帝得到了宽恕，而画师却问了斩刑。

由于把问题转向贪污，作者就把

悲剧的冲突降低到一个宫廷画师的阴谋和背叛，好像历史就是按照一个画师的贪欲而进行的。这样就抽出了昭君出塞这个事件的政治内容和历史意义。

在肯定昭君出塞是民族国家的屈辱的前提之下，出现在《汉宫秋》这个剧本中的王昭君，只能是一个悲剧人物。从王昭君个人的遭遇来说，她的确是一个悲剧人物，但是使她成为悲剧人物的不是和亲，而是封建专制主义的迫害。封建专制主义把她从温暖的家庭带到冷酷的宫廷，又从冷酷的宫廷，把她带到沙漠的边缘，最后死在匈奴人的帐幕。可以说，王昭君是一个被封建专制主义磨成粉碎的姑娘。如果要把王昭君写成一个悲剧人物，那就应该把汉元帝写成她的敌人，并且通过对汉元帝的控诉来揭露封建专制主义的野蛮。然而由于时代和阶级性的限制，作者不但没有把汉元帝写成她的敌人，反而把汉元帝写成她的情人，并且用粉红色的幕布掩盖封建专制主义对于人身的野蛮凌辱和迫害。在作者看来，好像把成千少女禁闭在与世隔绝的高墙之中，让她们望着“无风竹影”、“有月窗纱”而流出眼泪，然后从她们饱受精神折磨的痛苦心灵中去吸收快乐，这是一个封建专制皇帝的“温情”，作者就用这样的“温情”磨掉了一个民间少女性格上的尖锐棱角，让她驯服地接受封建专制主义的蹂躏，让她把这种蹂躏当作皇帝的“恩宠”来欢迎，并且让她向着她的敌人

“迎头儿称妾身，满口儿呼陛下”。

作者也没有忘记保卫封建道德是他的责任。在剧情的发展中，我们可以看到王昭君怀着对汉元帝割不断的恩爱，对画师毛延寿刻骨的仇恨和对匈奴人最大的敌意，走上一去不复返的征途，就在征途上，在作者认为不可逾越的道德防线上，用自杀结束了她的生命。“今生已矣，尚待来生也”，这就是她给汉朝皇帝的遗嘱。实际上还没有等到来生，作者就迫使王昭君这个从门口赶出去的姑娘，又从窗户里飞回来，来安慰这个在成千宫女环绕之中而感到寂寞的皇帝。

皇帝是情种，画师是败类，王昭君是封建专制主义最驯服的奴才，匈奴人是汉王朝最凶恶的敌人，而昭君出塞则是中国历史上涂不掉的屈辱的印记，这就是《汉宫秋》的全部内容。也是明清两代戏剧家所写的以昭君出塞为题材的剧本的蓝本。如果说明清两代戏剧家所写的昭君出塞的剧本也有一些新的创造，那就是用更多的虚构来填补皇帝的遗恨。

在清人所写的《琵琶语》中，作者甚至乞灵于圣母，由圣母派遣东方朔和青鸟使者运用陈平秘计把王昭君从匈奴人手中抢救出来，然后让她白日飞升。显然，《琵琶语》的作者已经翱翔于云雾之中，但是当戏剧家从空中跌到地上的时候，就会发现王昭君还是留在人间，留在匈奴人的帐幕中。

五

应该让王昭君从天国回到人间，从道德领域回到历史领域，昭君出塞这个历史事件才能得到正确的说明。

只要把昭君出塞这个事件放在历史领域之内就会发现，把昭君出塞说成是民族国家的屈辱是不符合历史真实的。根据历史的记载，在公元前2世纪，匈奴人的确曾经一度成为汉王朝的威胁，但是就在这个世纪最后三十年的一连串战争中，匈奴人遭受了汉武帝的沉重的反击，已经一蹶不振。跟着汉王朝有计划地建立了沿长城的要塞体系，特别是在河西走廊地带巩固地占领了阵地以后，匈奴人就再不成为汉王朝的威胁了。

早在公元前1世纪上半期，这个曾经号令蒙古草原的匈奴人便进入了他历史上严重的危机时代。频繁的战争与普遍的灾荒使匈奴人的社会经济陷于破产。这时的匈奴已经丧失了发动大规模侵略战争的物质条件，以致使汉王朝可以放心大胆撤退驻扎在长城以外第一线的要塞驻军。

战争与灾荒不久就导致匈奴部落贵族之间的矛盾尖锐化，到汉宣帝五凤元年（前57年），五单于争立，匈奴分裂为南北。为了对抗以郅支单于为首的北匈奴，以呼韩邪单于为首的南匈奴倒向汉朝。甘露三年（前51年）呼韩邪单于首次入朝，黄龙元年（前49年）二次入朝，竟宁元年（前33年）三次入朝。王昭君就是呼韩邪单于三次入朝时随同呼韩邪单于出塞的。这时距匈奴的衰落已经有半个世纪，距匈奴的分裂也有二十五年，距呼韩邪单于首次入朝已经有十八年，距呼韩邪单于二次入朝也有十六年了。

从呼韩邪单于首次入朝以后，匈奴已经变成了汉王朝的藩属，一直到呼韩邪二次入朝时，守卫着他的帐幕的还是汉王朝的军队。到呼韩邪单于三次入朝时，以郅支单于为首的北匈奴也被汉王朝消灭了。这时汉王朝的势力已经跨过阴山，横绝大漠，远远地伸出了万里长城之外。王昭君就是在这样的历史形势下出塞和亲的。在这种历史形势下，匈奴人还有什么力量威胁汉王朝，使汉王朝接受屈辱呢？

固然，写历史剧不像写历史教科书，每一件事都要力求准确；但既然是历史剧，在主要的问题上，或者说在总的历史形势、历史倾向上，应该符合于历史真实。昭君出塞是不是民族国家的屈辱，这个问题，攸关着戏剧家对待历史上民族关系的态度，不能说不是一个主要问题，对于这样的问题，我以为最好符合于历史的真实。

六

把王昭君和汉元帝写成一对情

人，这是用不调和的色彩构成的一幅历史漫画。当然戏剧家有权把历史漫画化，但可惜在这幅漫画中被丑化的不是封建专制皇帝，而是被封建专制皇帝迫害的一个宫女。

根据历史的记载，王昭君入宫数岁，并没有见到汉元帝，也没有取得妃嫔最起码的称号（当时的妃嫔分十四等），只是以待诏掖庭的名义等待皇帝的召见。一直到汉元帝为呼韩邪单于饯别而举行的一次盛大的宫廷宴会中，她才第一次，也是最后一次见到她的皇帝陛下。不可想象，世界上会有那样廉价的爱情，像戏剧中所说的王昭君会为了她见了一面的皇帝而流出眼泪。更不可想象，一个生活在公元前1世纪的姑娘就有后来诗人、戏剧家那样浓厚的封建贞操观念，觉得她必须为了见了一面的皇帝而死在什么黑龙江、乌江或其他什么江。

至于汉元帝是不是一个多情的皇帝，历史上没有说到这件事。历史上只说他是一个多才多艺的皇帝。他喜好音乐，而且具有音乐的天才。他会弹琴鼓瑟，击鼓吹箫，也会唱歌，而且都能合乎严格的节奏。作为一个业余的音乐家，他的音乐天才，使他的御用乐人为之惊叹。在音乐方面，只有他的儿子定陶王刘康赶得上他。但是作为一个皇帝，他不过是庸人之王而已。史载元帝不亲政事。他的御史大夫韦玄成也说他“日撞亡秦之钟，听郑卫之乐”，大概是事实。

像这样一个皇帝，当他看到王昭君“丰容靓饰”出现在宴会中的时候，也许因为王昭君的美貌而使他感到过去没有发现这个宫女是他的疏忽，但也只有在这个时候，即当他看到一个原本属于他的掖庭的宫女要属于匈奴单于的帐幕时，他才流露出嫉妒而悔恨的心情。正像清代史学家刘继庄咏王昭君的诗中所说的“宫中多少如花女，不嫁单于君不知”。但是一个拥有成千的宫女的皇帝失去一个宫女，甚至像《后汉书》作者范晔所说的不是一个而是五个宫女，对于他来说，并不像过去诗人、戏剧家所想象的那样严重，好像失去了一个宫女就像从他的皇冠上摘下了一颗珍珠，甚至就像夺去了他的灵魂。虽然如此，我并不反对在昭君出塞这出戏中把汉元帝写成正面人物，因为在批准昭君出塞这件事情上，他是正确的。

昭君出塞是自愿的还是被迫的，谁也不知道。《后汉书》的作者范晔说王昭君自己“向掖庭令请行”，我以为这是合乎情理的。只要看一看《汉书·外戚传》记载的妃嫔生活就会觉得一个宫女自愿请行去和亲是可以理解的。因为当时的掖庭，对于一个宫女来说简直就是一座人间地狱。一个宫女被送入掖庭以后，不能指望在活着的时候能得到人身的自由。而且从汉武帝以后，当皇帝死后，宫女们还要被送到皇帝的陵园去陪伴骷髅。因此尽管过去的诗人、戏剧家用怎样美丽的词藻美化宫庭生活，说什么“月楼花院”、“绮窗朱户”，但在宫女们看来，用黄金铸成的牢狱，也是牢狱，谁会因为黄金而留恋牢狱呢？“向掖庭令请行”正是一个被迫害的女性向封建贞操观念提出的辛辣讽刺，对封建专制主义的野蛮的人身凌辱和迫害提出的严重抗议。

王昭君当然也知道，在她离开汉元帝的掖庭以后，她会走到一个比较落后的游牧人的社会，但她对匈奴人的社会并没有过去的诗人戏剧家想象的那样可怕，好像一旦越过了北部边境线就要进入一个蒙昧时代的世界、一个原始人的社会，因而就必须把自己埋葬在文明世界的边缘。

实际上当时的匈奴人，并不如过去的诗人戏剧家所想的那样落后，他们是一些牧人部落，但这些牧人已经知道制作铜器和铁器。靠近长城一带的匈奴人还知道种植庄稼。当然他们需要的大部分手工业品特别是匈奴部落贵族享用的奢侈品大半是从与汉人交换或者通过汉王朝的赠送形式获得的。只要看一看汉王朝送给匈奴呼韩邪单于和他的儿子的礼物单，就知道当时的匈奴贵族并不缺乏汉人的文明。昭君出塞的时候带去的礼物，其中就有锦绣杂帛一万八千匹、絮一万六千斤。八年以后，呼韩邪单于的儿子复株累若鞮单于入朝时，汉王朝又赠送他锦绣绮帛二万匹，絮二万斤。此外还有粮食、酒曲、各种工艺品，还有笙竽箜篌等乐器。如果东汉时赠送匈奴的礼物是按照西汉的例子，那么还有大官御食酱及橘、龙眼和荔枝等水果。由此看来，王昭君到了匈奴以后是不会变成野蛮人的。

当然，王昭君也知道她到了匈奴以后，会要进入呼韩邪单于的帐幕，但她知道呼韩邪单于并不是汉王朝的敌人，而是第一个派遣侍子居在长安的匈奴单于，是第一个亲自款塞入朝的匈奴单于，是一个和汉王朝缔结“汉与匈奴，合为一家，世世毋相攻诈”的友好盟约的匈奴单于，也是第一个带着蒙古草原这一大片土地加入大汉帝国的匈奴单于。她还没有后来诗人、戏剧家那样妄自尊大的大民族主义思想，觉得出嫁这样一个匈奴单于，就替民族国家带来了屈辱。

七

文学的感染力是很大的，特别是戏剧。一个戏剧家在历史剧中的虚构可以从人们的头脑中挤掉历史的真实。我对于王昭君的印象，就不是《汉书》、《后汉书》给我的印象，而是戏剧家给我的印象。只是提到王昭君，我就想到三十多年前在长沙看过的一出《昭君出塞》。到现在，我还记得那个扮演王昭君的姑娘的一副愁眉苦脸，特别是她的一双为汉元帝流泪的眼睛，虽然浸透在沉重的痛苦之中，仍然闪出青春的光亮。我当时觉得，现在还是觉得，用这样一双眼睛为一个死了将近两千年的皇帝流泪，实在太可惜了。然而更可惜的是一直到现在，王昭君还是为汉元帝流着眼泪。

已经有一千多年了，昭君出塞一直被当作民族国家的屈辱，王昭君一直为着这种屈辱而向她的皇帝陛下流着眼泪。过去的诗人、戏剧家用大民族主义的态度对待昭君出塞这个事件，用封建道德观念要求王昭君这个人物，这是他们的古为今用，是他们的艺术实践，是他们的时代精神和阶级意识在民族关系问题上的集中表现。现在如果再把昭君出塞说成是民族国家的屈辱，再让王昭君为一个封建皇帝流着眼泪并通过她的眼泪去宣传民族仇恨和封建道德，那就太不合时宜了。应该替王昭君擦掉眼泪，让她以一个积极人物出现于舞台，为我们的时代服务。

注释：

①《文物参考资料》1955年第十期。

②邵适庐：《专门名家》，第二集，《广仓砖录》，原物的一部分存历史博物馆。

③《居延汉简·甲编》，一八〇〇条。

④同上书，二三六一条。

⑤同上书，一八〇四条。

⑥《乐府诗集》。

⑦《全唐诗》。

⑧〔清〕胡凤丹编《青塚志》。

⑨《敦煌掇琐》十三，二五五三。

⑩《盛明杂剧》第一集。

⑪《古本戏剧丛刊》第二集。

⑫全剧散失，《缀白裘》中保存了《送昭》《出塞》两幕。

⑬毛世来藏本，见北京市戏曲编导委员会编的《京剧汇编》。

（《光明日报》1961年2月5日）

附：王昭君家世

翦伯赞

王嫱，字昭君，南郡秭归人。《说文》无“嫱”字，《汉书·匈奴传》作“王墙”。《左传》哀公元年：“妃嫱嫔御”，唐“石经”本“嫱”字作“墙”，则《匈奴传》不误。《元帝纪》作“王樯”，“樯”字亦不见《说文》。昭君又作明君。晋石崇《王明君辞序》云：“王明君者，本是王昭君。以触文帝讳，改焉”（见《文选》）。[1] 昭君亦作“明妃”。梁江淹《恨赋》有云：“若夫明妃去时，仰天太息；紫台稍远，关山无极；摇风忽起，白日西匿；陇雁少飞，代云寡色。望君王兮何期，终芜绝兮异域”（见《文选》）。明人作的《昭君出塞和戎记》，说昭君是越州人。《和戎记》云：“奴家姓王名嫱，字淑贞，祖贯越州人。”此说于史无征，显系杜撰。此外，还有各种说法。《琴操》云：“王昭君者，齐国王襄女也。”杜甫诗云：“若道巫山女粗丑，安得此有昭君村。”《太平寰宇记》因杜说，谓：“汉王昭君即此邑之人，故云昭君之县村连巫峡，是此地。”《舆地纪胜》谓：“琵琶桥在秭归县。昭君选入汉宫时，曾鼓琵琶少憩于此。”《清一统志》谓昭君村在归州北。

王昭君的家世不可考，但知在汉

元帝时（前48—前33年），以良家子选入掖庭。当时所谓良家子，是指非医、巫、商贾、百工的子女而言。《史记·李将军列传》“索隐”引如淳云：“（良家子）非医、巫、商贾、百工也。”汉代统治阶级的警惕心是很强的，非良家子不得入后宫、备宿卫。汉代的后妃大半都是良家子，宿卫亦六郡良家子。

她家里有些什么人，不清楚。《汉书·匈奴传》说她有两个侄儿，一名王歙，一名王飒。王莽时，皆封侯。歙封和亲侯，飒在王莽时任骑都尉，封展德侯。天凤元年（14年），王莽派他二人出使匈奴。二年，又派王歙使匈奴。更始二年（24年），刘玄又曾派飒出使匈奴。一直到东汉光武帝建武六年（30年），刘秀还派飒出使匈奴。

注释：

①文帝即晋文帝司马昭。

（选自《王昭君的家世、年谱及有关书信》，《北京大学学报》1982年第六期）

目　　录

一　从一个民间传说谈起

昭君出塞的故事，在我国广泛流传，可以说是家喻户晓，老少皆知。有一种传说的大意是：王昭君出身于普通农家，是一位正直、倔强的姑娘。汉元帝（前48—前33年在位）诏选天下美女，她被迫入宫。由于她拒绝贿赂画工毛延寿，被点破画像，打入冷宫。后来，汉元帝见她聪明美丽，封她为明妃。汉元帝要杀毛延寿，毛携带昭君的画像，逃入匈奴，怂恿匈奴单于

（匈奴语“天子”）兴兵犯汉，指名要娶明妃。在强敌面前，汉元帝懦弱无能，朝臣贪生怕死，王昭君深明大义。为了汉朝的安全，她“情愿和番，以息刀兵”。在一个萧瑟的秋天，她脱掉汉装，改穿胡服，骑着马，弹着琵琶，唱着哀怨悲愤的歌儿，凄凄切切地出了雁门关（在今山西代县）。当时，朔风扑面，黄沙茫茫。在那碧空只有一行南归雁的荒漠之处，昭君面对呜咽东流的黑水，遥望故乡和亲人，举酒浇奠，投江而死。这个传说表现了王昭君的高尚民族气节和不受屈辱的凛烈情怀。在戏曲舞台上演来，真是婀娜多姿，缠绵悱恻，载歌载舞，声情并茂，充满了哀怨、悲痛的气氛和愤懑、激越的情调，使观众深受感动。几日之后，还袅袅余音留耳内，翩翩舞影寓目中。

但是，历史事实可并不是这样。在历史上，西汉政府虽然跟匈奴贵族有过长期的战争，但到昭君出塞时，汉匈两个兄弟民族已经和好了十八年。公元前33年（汉元帝竟宁元年），匈奴呼韩邪单于（前58—前31年在位）第三次来到西汉首都长安，朝觐汉元帝，主动向汉朝求婚，王昭君慷慨请行，自愿出塞和亲。她肩负着汉朝的友好使命，去到草原，促进了汉匈两族的友好、团结和亲睦。这件事，跟画师毛延寿毫无关系。王昭君在匈奴生儿育女，她的儿女甥婿也都跟西汉友好，促进了汉匈两族的经济文化交流。在我们统一的多民族的国家中，王昭君为兄弟民族间的友好和团结贡献了力量，在我国民族关系史上立有功勋。昭君出塞是一段动人的历史佳话。

二　昭君出塞前的汉匈关系

我国自古就是一个多民族的国家。匈奴是我国北部一个古老的少数民族。他们过着游牧生活，也射猎鸟兽，对开发我国北部地区，做出了重大贡献。匈奴人民跟中原人民有着悠久的关系。

但是，晴天也难免暂布乌云，主流也会遇到逆澜。战国时期（前475—前221年），匈奴贵族常常带兵南下，掠夺人口和牲畜，于是，秦、赵、燕三个诸侯国先后修筑长城，派兵驻守。秦统一以后，秦将蒙恬率领三十万军队，夺回河套地区（今内蒙古河套及伊克昭盟一带），在那里修城设县，把内地的人民迁去充实防务；秦始皇（前221—前210年在位）还征发十万民工，开山填谷，修建要塞碉堡，把秦、赵、燕三国旧长城衔接起来，并向东西扩展，这道长城，西起临洮（今甘肃岷县），东到辽东，长约万里。这就是驰名世界的“万里长城”。

秦末汉初，匈奴奴隶主势力空前强大，乘机侵占了河套以南的地方，并不断进攻汉朝。公元前201年（高祖六年）匈奴单于南侵马邑（今山西朔县东北），进至晋阳（今山西太原）。第二年，汉高祖刘邦（前206—前195年在位）亲率三十二万大军反攻，被匈奴四十万骑兵在平城白登山（今山西大同东十七里）围困了七日七夜，才勉强逃回。以后，刘邦无力反击，只好对匈奴采取和亲政策，把皇室的女儿嫁给单于，每年还送去很多金钱、丝帛、粮食和酒。接着又互通“关市”，交换产品。从那时起，直到汉武帝（前140—前87年在位）初年的七十年间，汉朝一直奉行和亲政策，先后跟匈奴冒顿单于、老上单于、军臣单于结为姻亲。

和亲和互市在客观上加强了两族人民的友好往来，促进了双方经济文化的交流，匈奴对汉朝的攻扰也一度缓和。但是，匈奴奴隶主贵族贪得无厌，每当秋高马肥时，仍旧不断进袭西汉边郡。匈奴骑兵甚至两次进到长安附近，西汉首都战云弥漫，情况异常严重。汉族聚居的西北各地，经常遭受蹂躏，人民的生命财产毫无保障，生产受到严重破坏。

后来，西汉经过六七十年的休养生息，到汉武帝时生产发展，政治统一，力量强盛，军事上也有了充分准备。公元前133年（元光二年），汉武帝决定对匈奴进行大规模的军事反击。从此，和亲中断，战争频仍。到公元前119年（武帝元狩四年），汉朝不仅收复了河套失地，占领了河西走廊，开辟了通往西域的交通要道，而且还打败了匈奴的主力。匈奴王庭被迫迁到北部大沙漠以北。这样，不仅解除了来自北方的威胁，保障了中原各族的生命安全和社会经济的发展，而且跟西域各国也建立了十分亲密的关系。此后，汉朝在新辟地区设立亭障，修筑城堡，屯田垦边，加强防御。匈奴的势力大大削弱。

三　呼韩邪主动向汉求婚

长期的战争，使汉族人民付出了高昂的代价，也给匈奴人民带来了深重的灾难，人口和牲畜大量减少。在几次遇到天灾以后，到公元前68年（宣帝地节二年），匈奴地区又发生了大饥荒，人口牲畜死亡十分之六七，社会经济濒于破产。接着，匈奴贵族内部又发生纷争，五个单于互相争夺统治权。混战的结果，匈奴人民死亡数以万计，牲畜损失百分之八九十；最后又形成了呼韩邪单于跟郅支单于南北对立的局面。公元前54年（宣帝五凤四年），郅支单于打败了呼韩邪单于。

呼韩邪单于名叫稽侯珊，是匈奴的第十四个单于。他才能出众，受到匈奴各阶层的尊敬和爱戴。公元前53年（宣帝甘露元年），匈奴左伊秩訾王建议呼韩邪单于向汉朝称臣，以便在汉朝的援助下，重振匈奴。左伊秩訾王认为：现在汉朝强盛，乌孙（在今伊犁河、伊塞克湖一带）和西域各国都称臣于汉，而匈奴势力久已削弱，表面虽强，实际上无一日安宁。所以只有归附汉朝，才能得到安定和生存。呼韩邪单于采纳了这个有见识的主张，便率众南移，准备同汉朝结好。同时派他的儿子右贤王铢娄渠堂来到长安。第二年，呼韩邪单于亲自到五原塞（在今内蒙古包头西北），要求朝见汉宣帝。汉宣帝表示欢迎，决定以贵宾之礼，隆重接待，并派车骑都尉韩昌远道迎接呼韩邪：汉政府在途中经过的五原、朔方（郡治在今内蒙古磴口县）、西河（郡治在今内蒙古鄂尔多斯市东南）、上郡（郡治在今陕西榆林东南）、北地（郡治在今甘肃庆阳西北）、冯翊（郡治在今陕西西安）等七郡，安排了两千名骑士充当仪仗和护卫。

公元前51年（宣帝甘露三年）正月，呼韩邪单于朝汉，汉宣帝在甘泉宫（在陕西淳化西北）隆重接待，颁给他黄金玺和印绶，赠送他很多礼品，其中有华丽的冠带衣裳、装饰着美玉的宝剑和黄金二十斤、钱二十万、衣被七十七件，以及佩刀、弓箭、棨戟[1]、车辆、马匹，各种丝织品八千匹、絮六千斤。接见完毕，使臣引导贵客到长安西五十里的长平观下榻休息。等到汉宣帝再次接见时，文武百官和各族的君长、王侯数万人，都来参加，人山人海，场面盛大。呼韩邪单于在长安停留一个多月，临行时，西汉政府集聚数千人隆重欢送，并派高昌侯董忠和车骑都尉韩昌率领一万六千骑兵把呼韩邪护送出朔方鸡鹿塞（今内蒙古磴口县西北）。汉宣帝还命令韩昌等驻军塞外，保卫呼韩邪单于，同时，前后调拨谷米和干粮三万四千斛（古代十斗为一斛），援助匈奴。呼韩邪为了表示对西汉的忠诚和友好，请求留居光禄塞（今内蒙古包头市西北）下，如有紧急情况，就可以保卫汉朝的受降城（今内蒙古乌拉特中后旗北）。西汉政府接受了他的请求。这就是呼韩邪第一次朝汉的经过。

公元前49年（宣帝黄龙元年），为了保持和加强同汉朝的友好关系，呼韩邪第二次入朝。西汉政府和前次一样，盛情接待，又赠送给他许多礼品。后来匈奴缺粮，西汉政府就拨去粮米两万斛，帮助他们解决困难。公元前43年（元帝永光元年）郅支单于已经向西迁到康居（在今苏联费尔干纳西北、咸海以东），呼韩邪单于民众益盛，实力增强，便迁回匈奴王庭。匈奴人民也纷纷北迁。在呼韩邪单于的治理下，匈奴内部稳定，生产发展。到公元前36年（元帝建昭三年）西域都护甘延寿和陈汤在康居攻灭郅支单于以后，呼韩邪单于便统一了匈奴各部，他在匈奴的地位，更加巩固。

公元前33年，呼韩邪单于第三次到长安，并主动向汉元帝请求和亲，于是引出了昭君出塞的故事。

注释：

①棨戟：带衣的戟，是古代官吏出行时作为前导的一种仪仗。

四　王昭君自请出塞和亲

王昭君，名嫱，字昭君。西汉南郡秭归人。在现在湖北省兴山县长江沿岸，即长江西陵峡第一险滩兵书峡附近，有一个群山环绕的村庄，叫做昭君村（今兴山县城南郊，原名宝坪村），就是王昭君的故里。昭君村背靠纱帽山，面临香溪水[①]，山青水秀，林木茂密，环境十分幽美，宛如一幅富于南方情趣的天然图画。现在那里还有昭君宅、望月楼、梳妆台、娘娘井（又称楠木井）和昭君台等旧迹遗址，流传着许多关于王昭君的美妙故事。

王昭君是一位美丽的民家姑娘。她年纪很轻的时候，就被汉元帝选进宫去，成为一名普通宫女。

在封建社会，皇帝有三宫六院，嫔妃动以百计。因此有很多白头宫女，岁月悠悠，一辈子也见不到皇帝。王昭君入宫以后，也和那些不幸的女子一样，忍受着深宫的寂寞凄凉，春去秋来，几年也没见到皇帝。西汉时，嫔妃分为十四个等级[2]，第一等叫昭仪，第十四等叫无涓，而宫女的地位更在无涓之下。

当时，西汉政府规定，昭仪和婕妤住在正宫，其余的嫔妃宫女都住在掖庭（即正宫以外的傍舍）。尽管王昭君锦衣玉食，住的是绮窗朱户，但这也不过是池中的游鱼，笼中的飞鸟而已！何况汉武帝以来还有一条陋规：皇帝死后，往往把宫女送到皇帝的陵园去陪伴骷髅。再说，汉元帝已经四十多岁了，身体衰弱不堪，王昭君的命运真是来日茫茫，不堪设想。永远难有出头之日的王昭君，悲怨、嗟伤、痛苦。她身在禁宫，心向自由。海阔凭鱼跃，天高任鸟飞。王昭君多么盼望有这么一天哪！

所以，当呼韩邪单于向汉元帝求亲和汉元帝下令挑选宫女出塞的消息传出以后，王昭君就主动向管理掖庭的官吏提出，愿意离开汉宫，远嫁匈奴，担当起和亲使者的重任。

自从公元前198年，汉高祖刘邦第一次把宗室女封为“公主”，远嫁匈奴单于以后，直到汉武帝初年，和亲政策一直坚持不辍。但是，那时的和亲是迫不得已的，是以忍让换取暂时的安宁，实际上却是打打和和，烽烟时起，后来又发生了大规模的战争。而这次王昭君出塞远嫁，形势不同了，匈奴已经归附了汉朝。呼韩邪是第一个派遣侍子居住长安的单于，是第一个亲自入朝并和汉朝结盟的单于。所以，王昭君毅然请求出塞和亲，不仅说明她不甘忍受封建压迫，而且说明她有见识、有理想，是一位深明大义的年轻女子。

汉元帝自然批准了王昭君的请求。

在为呼韩邪单于饯别的一次盛大

宴会上，王昭君跟呼韩邪相见。王昭君淡扫蛾眉，薄施粉黛，珠光宝气，容光焕发，越发显得举止雍容，仪态万方。她的光彩使所有汉宫女子都显得黯然失色。在场的人见了，都被她的美丽惊得目瞪口呆。第一次见到王昭君的汉元帝更是深感意外，大吃一惊。“宫中多少如花女，不嫁单于君不知。”这位皇帝后悔不该把这么美丽的姑娘嫁给单于，很想留住她，但又不便失信。

汉元帝赠送给王昭君锦绣、杂帛等各种丝织品一万八千匹，絮一万六千斤和黄金、图画，以及其他贵重礼物，并颁发诏书，把他的年号“建昭”改为“竟宁”，以象征长久安宁，祝愿汉匈两族永远友好和平。这种为和亲而改元，在整个历史上也是绝无仅有的。

昭君出塞，在当时是举国皆闻，普天同庆，人们为纪念这次和亲事件，还在建筑材料上面刻字记载。在内蒙古包头附近的汉墓里，发现过刻有“单于和亲”“千秋万岁”“长乐未央”等文字的瓦当残片，传世的单于和亲砖上也印有“单于和亲千秋万岁长乐未央”的文字。这些文物都是西汉末年的东西，可见是为了纪念昭君出塞而制作的。因为西汉末年只有这一次和亲，王昭君是西汉出塞的最后一个姑娘。

呼韩邪单于娶了汉族姑娘，非常得意，更加珍惜汉匈两族的真挚友谊。他给汉元帝上书说：“愿为汉朝守卫上谷（今河北怀来县）以西，直到敦煌

（今甘肃敦煌县）一带地方，保证边疆永远没有烽火盗贼。我希望汉朝撤走防边的官兵，让汉天子和汉族百姓永享和平、幸福。”呼韩邪单于封王昭君为“宁胡阏氏”（阏氏，匈奴语，意为王后）。意思是说，王昭君嫁到匈奴以后，就会带来和平和安宁，使匈奴兴旺发达，世代安居乐业。

大量事实证明，昭君出塞促进了民族团结，沟通了民族感情，发展了民族友谊，汉匈两个兄弟民族的亲密关系从此进一步发展。王昭君在我们这个多民族国家的民族关系史上，立有功勋。

注释：

①香溪是一条秀丽的小溪，色碧如黛，彩石铺底，沿河绿树成荫，芳草遍地。它流经宝坪村，到秭归香溪注入长江。相传王昭君出塞以前，曾在这里浣帕染脂，因名香溪。

②西汉嫔妃分为十四等：一昭仪，二婕妤，三姪娥，四傛华，五美人，六八子，七充依、八七子，九良人，十长使，十一少使，十二五官，十三顺常，十四无涓。

五　汉匈亲睦五十年

王昭君辞别亲朋好友，离开长安，渡过滔滔的黄河，翻过莽莽的群山，来到了草原。她把带去的珍贵礼物分赠给匈奴同胞，受到人们的欢迎、爱戴和信任。

在匈奴，王昭君克服了一切困难，逐渐习惯了天寒地冻、风沙蔽日的气候和住穹庐、穿皮裘、食牛羊肉、饮酪浆的塞外生活。她跟匈奴人民和睦相处，关系十分融洽。据说她到匈奴之后，很爱护百姓，教给当地妇女织布、缝衣和农业生产技术，受到人民的爱戴。王昭君跟呼韩邪在一起也生活得很好。不久，她生了一个儿子，名叫伊屠智牙师，后来是匈奴的右日逐王。呼韩邪单于还谆谆嘱咐后人，要永远跟西汉政府友好相处。

王昭君婚后三年，即公元前31年（成帝建始二年）呼韩邪单于去世，大阏氏的儿子雕陶莫皋被立为复株累若鞮单于，想按照匈奴的风俗娶王昭君为妻。这跟汉族的封建伦理道德相抵触。所以王昭君曾给汉成帝（前32—前7年在位）上书，要求回汉朝；汉成帝给她的敕书说，既然嫁到匈奴，就随从那里的习惯吧。王昭君从大局出发，以民族利益为重，珍惜汉匈两族的友谊，尊重匈奴的习俗，于是又做了复株累若鞮单于的阏氏。后来，王昭君又生了两个女儿：大女儿名叫云，为伊墨居次，长大后嫁给匈奴贵族须卜当，称须卜居次（或称须卜居次云）；二女儿是当于居次。“居次”就是匈奴单于女儿的号，相当于汉朝所说的“公主”。

王昭君的卒年和卒地，现在已经不可考了。不过，她死在漠北单于庭，这是无疑的。

王昭君死后，她的子女甥婿，都秉承她生前的遗志，继续致力于汉匈两族的友好。匈奴单于多次朝汉，并派侍子入朝。汉平帝（公元1—5年在位）时，太后临朝，王莽当政。汉政府曾邀请须卜居次云访问长安，朝见太后，太后很高兴，赐给她很多东西。须卜居次云和她的丈夫——匈奴大臣右骨都侯须卜当，都主张跟汉朝友好。后来左犁汗王咸做了乌累若鞮单于，须卜居次云便劝他跟汉朝亲善。公元14年（王莽天凤元年），须卜居次云派人到西河虎猛县制虏塞下（今内蒙古鄂尔多斯市伊金霍洛旗西南），告诉塞上官吏，要求会见和亲侯王歙。王歙就是王昭君的侄儿、须卜居次云的姑表兄弟。王莽便叫和亲侯王歙和弟弟展德侯王飒出使匈奴，会见须卜居次云，祝贺乌累若鞮单于新立，并带去黄金、衣被和缯等很多礼物。公元15年（天凤二年），王歙再度奉命出使匈奴。公元18年（天凤五年），匈奴呼都而尸道皋若鞮单于又派遣须卜居次云、须卜当，以及须卜当的儿子须卜奢出使长安。王莽也把他的庶女陆逯公主嫁给王昭君的外孙须卜奢为妻。不过，在王莽当政期间，汉匈关系已经日益恶化。

汉朝跟匈奴长期友好往还，和睦亲善，这跟昭君出塞是分不开的。在呼韩邪单于归汉以后的五六十年间，汉和匈奴之间出现了一个“边城宴（晚）闭，牛羊布野”的和平局面。万里长城上烽火熄灭，塞内塞外炊烟升起，人民的笑语欢声代替了征战杀伐，长城内外，长满了茂密的庄稼，塞外草原人畜兴旺。匈奴人民用马、牛、羊和骆驼，换取汉族人民的农副产品、铁制农具和手工业制品，互通有无，频繁交往，一派繁荣景象。

在蒙古草原上，考古工作者曾发现了斧、锄等汉式的铁工具，有的上面还有汉字，证明是从汉朝运去的，或者是汉族铁匠在匈奴制造的。虽然这些东西还不能确定就是昭君出塞时传去的，但是从她出塞开始，这些东西在匈奴大量出现是无疑的。考古学家还发掘了不少西汉末年的匈奴墓，其中有很多西汉的物品。如在蒙古人民共和国首都乌兰巴托以北的哈拉河边，有一座公元元年前后的匈奴单于墓，里边有椰、棺、榼。上面涂黑漆，绘彩画，这是汉族的风俗（匈奴的风俗是用石墓）。漆也是从内地运去的。此外，墓里还有汉朝刺绣的丝绢、汉朝制造的铜壶、铜烛台、带红漆的薄金片、压花嵌宝石的厚金片，和里黑外红镶有“建平五年”“上林”等字样的漆杯，以及刻有双龙对舞的透雕玉器、大量的丝绣制品等等。这证明，匈奴人不但生前喜爱汉物，就是死后也要把汉物布置在墓室中，并且愿意永远“安睡”在汉式的油漆棺椁里面。匈奴的马、牛、羊和畜牧技术，以及音乐（如胡笳）等等，也输入中原地区，丰富了汉族人民的生活。

六 “昭君自有千秋在”

古往今来，写王昭君的作品有诗词、散曲、杂剧、传奇、小说和话剧，以及民歌、小调、鼓词和各种地方戏。单以诗来说，就有近六百首，作者四百多人。

不过，在历代文学作品中，却往往把自愿请行，主动承担和亲使者的王昭君描写成满怀幽恨、悲痛欲绝、凄凄惨惨的悲剧式人物，这种倾向，开始于东汉。以后的作者又不断加枝添叶，渲染烘托，使悲剧的内容，越来越丰富细腻起来。

东汉蔡邕的《琴操》里载有一首《怨诗》，说昭君出塞以后，山高水远，道路悠长，因此她的心情忧郁哀伤。汉魏时期的琴曲中有“辞汉”、“跨鞍”、“望乡”、“奔云”和“入林”等唱段。通过描写王昭君被逼入宫，被迫远嫁，以后又化为飞鸟，奔向云中的不幸遭遇，表达了封建社会广大妇女对地位低贱和强迫婚姻的反感和痛苦，具有反封建婚姻的因素。晋代葛洪在《西京杂记》里说：汉元帝嫔妃众多，来不及一一相见，便叫画工毛延寿画出图像，按图召见。因此宫人纷纷贿赂画工，唯独王嫱不肯，所以长期不被召见，直到匈奴单于入朝，皇帝才发现她“貌为后宫第一，善应对，举止娴雅”。汉元帝后悔不及，就把毛延寿处斩。这个说法通过王昭君受毛延寿的勒索迫害，揭发了封建宫廷的腐朽黑暗，歌颂了王昭君不向恶势力屈服的正直品格。

当时，“上品无寒门，下品无士族”，不知埋没了多少人才。王昭君，既不阿谀奉承，又不贿赂画工，因而横被埋没，这正是黑暗社会的缩影。毛延寿的丑恶行为就是那些门阀士族争权受贿的写照，同时毛延寿的被斩，也表现了人民对澄清政治的强烈愿望。所以唐朝诗人李白在《王昭君》诗中写道：“汉家秦地月，流影照明妃，一上玉关道，天涯去不归；……生乏黄金枉画图，死留青冢使人嗟。”唐朝诗人杜甫也在《咏怀古迹》诗中说：“画图省识春风面[1]，环珮空归月夜魂。千载琵琶作胡语，分明怨恨曲中论。”

写昭君出塞的杂剧，以元朝马致远的《汉宫秋》最有名。它着重地塑造出三个人物形象，即汉元帝、毛延寿和王昭君。汉元帝认为四海晏然，八方宁静，可以高枕无忧了。后来在强敌面前，汉元帝才知道他的文武大臣不过都是酒囊饭袋，只好拱手送昭君出塞，充分暴露了这个最高统治者的昏庸无能。毛延寿是个贪官污吏，做事欺大压小，惯于“谄佞奸贪”。他怂恿皇帝选宫女，自己却乘机大索贿赂，中饱私囊。

当他向王昭君勒索未遂、事情败露时，就投敌卖国，引狼入室，最后被敌人唾弃，“解送汉朝处治”，大快人心。王昭君是《汉宫秋》里唯一的正面人物。她出身农家，心地明洁、正直。她被选进宫中，“十年未得见君王”，后来被封为明妃。不久强敌入寇，为了汉朝的安宁，她置个人于度外，慷慨陈词，愿效一死。最后投江自杀。

《汉宫秋》以完整的艺术结构和丰富的社会内容告诉人们：毛延寿投敌卖国虽是悲剧的主要原因，但统治者的荒淫奢侈、腐朽无能，才是问题的真正所在。这个杂剧表现了对妥协投降的愤慨，对奸臣的痛恨，以及对民族气节的赞美，《汉宫秋》抒发了作者反对异族侵略的思想，成为一部褒扬高尚民族气节的悲剧。读了《汉宫秋》，使人们感到强烈的时代脉搏在跳动。它不仅在当时有一定的现实意义，而且在后来也有广泛和深远的影响。

在为数众多的有关王昭君的文学作品中，有些是赞美昭君出塞的。如唐张仲素的《王昭君》诗："仙娥今下嫁，骄子[2]自和同；剑戟归田尽，牛羊绕塞多。"五代前蜀诗人韦庄的《绥州》诗："明妃去日花应笑，蔡琰归来鬓已秋。"宋王安石的《王昭君》诗："汉恩自浅胡自深，人生乐在相知心。"元朝吴师道的《昭君出塞图》："一出宁胡终汉世，论功端合胜前人。"明莫止的《昭君曲》："千年青冢在，犹是汉家春。”

清朝道光年间彦德在《咏王昭君》中写道：

闺阁堪垂世，明妃冠汉宫，
一身连朔漠，数代靖兵戎，
若以功名论，几与霍卫同；
人皆悲远嫁，我独羡遭逢，
纵使承恩宠，怎能保始终，
至今青冢在，绝胜赋秋风。

诗的大意是：千载流芳的王昭君，在汉宫里是首屈一指的绝色女子。她一来到边塞，就带来了几代人的和睦和宁静，战争从此停息。她的功名可以跟汉朝名将卫青、霍去病媲美。人们往往为她的远嫁而伤悲，我却羡慕她逢上了难得的机遇。否则纵使她遇到皇帝的恩宠，也很难始终如一。至今青冢犹存，流芳百代，这比在冷漠凄凉的汉宫里，过着自怨自艾的生活要强多了。这首诗虽然写得并不出色，褒扬得也未必完全恰当，但是作者能从历史事实出发，从民族关系着眼，见解也与众不同。

新中国成立后，以王昭君为题材的词诗也有不少。1963年，董必武同志曾这样写道：

昭君自有千秋在，
胡汉和亲见识高；
词客各摅胸臆懑，
舞文弄墨总徒劳。

这首诗以高超的见识，写出了王昭君的历史功绩，肯定了昭君出塞的历史意义。跟历史上的咏王昭君诗迥然不同。它既有强烈的时代气息，又反映了历史的真实，如今被镌刻在昭君墓前的石碑上。

传说中的昭君墓位于草原名城呼和浩特市的南郊。据说每到春天，冢上的草发青得早，秋天又凋零得迟，远远望去呈青黛颜色，因此又叫青冢。它高约二十多米，占地二十多亩。相传王昭君死后，匈奴人从四面八方，用袍襟携来黄土，含着热泪，把昭君埋葬在这里。

青冢平地起堆，突兀耸立，气象巍然。坟前树有“汉明妃墓”石碑一方和清朝以来的诗文碑数统。青冢的北边，是属于阴山山脉的大青山。大青山岗峦起伏，绵连塞北，好像一道天然的屏障。青冢的南边，是一望无际的草原，塞外黄河最大的支流——黑河，宛如一条闪闪发光的银带，盘绕回环，流向远方。蔚蓝色的天空跟辽阔的草原相连，白云悠悠，青山隐隐，苍鹰凌空翱翔，百鸟脆声歌唱。那里绿草如茵，野花繁茂，骏马奔驰，牛羊肥壮。真是山河壮丽，景色宜人。

在昭君出塞两千多年以后的今天，在内蒙古人民中间，还流传着不少关于王昭君的民间传说，热情地称颂她在民族和睦方面的历史贡献。据说埋葬王昭君的青冢也很神奇，想得到羊的人，到青冢上面去，就可以得到羊；长年不生育的妇女，只要去青冢一次，第二年就会生一个胖娃娃。这些传说，虽然显得十分离奇，但是它凝聚了人民对王昭君的尊敬和怀念，表达了对我国各族人民的传统友谊的祝愿以及对未来美好生活的无限憧憬。

注释：

①省识，约略地看出。春风面，指王昭君的美貌。

②骄子是“天之骄子”的略语。汉朝人称匈奴为天之骄子，意思是匈奴人得天独厚，是天之骄子。

出版说明

“新编历史小丛书”承自20世纪60年代吴晗策划的“中国历史小丛书”，其中不少名家名作已经是垂之经典的作品，一些措辞亦有写作伊初的时代特征。为了保持其原有版本风貌，再版过程中不做现代汉语的规范化统一，读者阅读时亦可从中体会到语言变化的规律。

“新编历史小丛书”编委会

图书在版编目（CIP）数据

王昭君 / 王克骏著. -- 贵阳：贵州人民出版社，2023.12
（新编历史小丛书. 人物）
ISBN 978-7-221-18071-1

Ⅰ. ①王… Ⅱ. ①王… Ⅲ. ①王昭君（约前55-？）-传记 Ⅳ. ①K828.5

中国国家版本馆CIP数据核字(2023)第211143号

新编历史小丛书·人物

王昭君

WANG ZHAOJUN

王克骏 ◎著

出 版 人　朱文迅
责任编辑　李　康
装帧设计　陈　电
责任印制　蔡继磊

出版发行　北京出版集团　文津出版社
　　　　　贵州出版集团　贵州人民出版社
地　　址　贵阳市观山湖区中天会展城会展东路SOHO公寓A座
印　　刷　贵州新华印务有限责任公司
版　　次　2024年2月第1版
印　　次　2024年2月第1次印刷
开　　本　880 mm × 1230 mm　1/32
印　　张　3.25
字　　数　25千字
书　　号　ISBN 978-7-221-18071-1
定　　价　18.00元